Für alle,
die mich sehen wollten,
wenn ich auf der Suche war.

Herstellung und Verlag:
BoD - Books on Demand, Norderstedt
ISBN 978-3-7448-0174-4

Ich schmiege mich

                    an deine
Zeilen

Einsamkeit

Niemals erkannt

                              Niemals

Ungefunden
Untergraben

In einem kalten Haus
aus viel zu teuren Steinen

Tausend Euro im Monat
für blaue Ignoranz

Das ist wie Sterben

<u>Über das Lagern auf zu engem Raum</u>

Das Ich im
Mittelpunkt der Welt
wiegt schwerer noch wenn man
es setzt auf einen
Stuhl.
Verharrend.
Dort.
Den ganzen Tag.

Erdenleben

Die Furcht vor dem plötzlichen
Ende
im Nacken der Schal der
wärmt den trockenen Hals
und letztlich die Luft
die hindurchströmt

wie Flüsse so selig nach
der Mündung, dem ewigen
Zehren
nach Wasser und einem Ort
wo das Glück sich

zerfließt

Nebenkosten

Warte auf den
nächsten ganz banalen
Scheckbetrüger auch du
Tulpe duftest einsam/nahe mir
in Gelborange

Mit Pistazien (ungesättigt)
Schlachtgetümmel auf
dem Papier einen Gruß (Hüb
sch) gesäuert und gebleicht
auch
schichtenweise Oberkleidung

Kreisel enger
laut öffnen Türen neben mir/
noch eine Nuss
auf die nächste Stunde

Entrümplung

Sich das Herze entrümpeln
ganz sachlich im Kühlschrank
die Guten und Bösen
ins Töpfchen
ins Tröpfchen
ich esse drei Erbsen
den Rest lass ich liegen
und morgen da hol ich
der Königin
ihr Kind

Alte Pralinen

Trauriges Naschwerk
im Herzen festklebend
und nun kann ich
nimmermehr
nimmermehr sehen
geschweige denn
reimend harmonisch
empfinden

Herzstücke,

                rot

Falsche Worte

Es war nicht das Leiden
das mich verletzt
zurückließ
es waren die roten
Worthülsen.

An ihnen klebte der
Geschmack der Güte
und der Ewigkeit -
eine Vorspeise
mit wenigen Kalorien

WARUM hast du mich
dein Alter kosten lassen,
wenn du es mir nie
schenken wolltest?

Die Buchstaben tropfen rot
auf verlassene Erde

Zukunftsscherben

Wir hatten viel vor
dachten wir uns
wir wollten die Liebe planen
wie
die Programmierung einer
Festplatte

Doch wir stürzten ab,

da gab es einen
der
funkte
dazwischen
ein gieriger roter Teufel
mit offenem Fischmaul

Ich wollte dich nähren ein
Leben lang
hörst du
ein Leben

Trauer

Immer wieder diese schweren
Stunden
wenn man in seiner
Vermessenheit glaubt
das Grab wäre leicht im
Vergleich zu diesem Gang
auf schmutziger
Erde

Im Gehirn zerstörte
Sprachregionen
und im Herzen die Fetzen
zerstobener Einsamkeiten
schwertscharfer Wörter
Silbenreste

Wenn nicht bald einer auftaucht
um mich zu trösten
geh ich das Grab meiner Ahnen
beweinen

Versuch gegen die Sprachlosigkeit

Was ich noch sagen wollte:
Dass ich sehr traurig bin
über das Angerichtete

die Brühe im Herzen
gekocht von uns
der Angst vor Verlust

mit Speeren statt mit Blicken
beginnen wir den Abend
und enden

getroffen

Wortnetze

Ich fische mich
aus einem Meer von Worten
mit einem alten Netz
im tiefen Holland

Dort werfe ich den Fang
verlassen an den Strand
und liege da wie eine kranke
Auster
die keine Perle mehr erzeugen
mag

Unseligkeit der Räuber

Fletsche die Zähne
krankes Lächeln
an blassem Munde fest-
geklebt

Fasrig das Fleisch
der letzten Pute
die mager durch den Keller
geht

Gekrümmt die Krallen
an den Schenkel
der Schnabel stockt
nun ist es gut

Dein dunkler Mund schlürft
Erdbeertränke
ich heb das Glas
verschütt das Blut

Herzstocken

Nun stehe ich noch
Da/mein Herz
fällt ab
von mir

Der Puls tickt noch
im Zeigersinn
weg fährst du
weit hinaus

Kellerliebe

Neben mir drei Restmüllsäcke
gelb, verschnürt
ein Rumpelstilz darüber

Die Schublade fällt ins Maul
der Kopf arbeitet analytisch-
exakt
Die Zunge braun
durch das Wasserrohr
rauscht der Lebensfluss

die Liebe auch

Werbung

Es schwimmt ein Fisch
ein Römer schnupft
hörbar nervös
am Telefon ganz
dicht an mir, ja
spürst auch du
mit diesem Pulver
gegen Heu
will er
mich wohl
kurieren/doch
spuckte ich schon
jedes Gift mir
schaumgeboren aus.

Kloakenteich
ach Sommertag.

Wie sehn ich mich nach
Blättern.

Herzstück

Jetzt bin ich stumm
mit Worten die ich nicht
verstehe
aus deinem Munde der mir
fremd und immer fremder
wird.

Wo Perlen weich und tief
gebettet
noch in der Mündung liegen
da ebbt nun Heimat mir zurück
und gibt der Trauer Raum

Mein Herz weiß nicht, wohin
sich fliehen
ins Mündungsall, ins
Ungeheure
ins dunkle Dröhnen roter Töne
ich weiß nicht mehr,
wohin
mit
mir

Frühlings/

wind

Die Ahnen beruhigen

Ich vergesse euch nicht
eure Leiden
die Schwere
den Schweiß des letzten
Jahrhunderts

Ich weiß um euch

Doch zieht es mich in
die andere Welt
jenseits verrauchter Kammern

Es lockt ein helleres Leben

Gnade

An einem schneeweißen
Trauertag
herzpumpend
Brustraumenge
bleichmündig verletzt
- wieder einer, der meine
Wunden aufkratzt -
kam da mein gerade erst
siebzehnjähriger Bruder
nahm das Papier
und sprach für mich

Er legte mir das Präteritum
nahe:
„Es ist wichtig"
Welche Zeit ist noch wichtig
wenn des Menschen
Herz zerbröselt
in Elendsklumpen

„Wir brauchen das Präteritum"

Er lächelt
jungenhaft ernst

Danke, fühle ich auf

Das war die Gnade
dieses Tages

Zeichnung

Bleistiftspitz
pickt meine Freude
dir ins zarte
Herz hinein

Du weinst vor Glück
warum auch nicht
den Mund stopf ich dir
mit Papier

in memoriam

Du gabst mir
das Glück einer Stundenzeit
wie nur ein Mensch sich
verschenken kann

gewidmet war sie nicht mir

Ich zahlte mit schwerer
Währung und dunklen
Schritten

Bis der Schnee mich weiß
tröstete wie
kein Mensch

K(l)eine Entschuldigung

Wenn ich jedes Mal,
Sir,
wenn ich einsam bin,
Entschuldigungen stammeln
würde
wäre ich schon längst auf
eins dreißig geschrumpft.
Es tut mir viel Leid
in meinem Leben
auch mit Ihnen
viel Leid

Aber glauben Sie
einer notorischen
Vogelzüchterin:

Wenn nicht beide das
Ei wirklich brüten wollen

wird das nichts mit
Gesang im Frühling

Morgendämmerung

Schwer wälzt der
Tag sich der trockenen Zunge
nach innen geklappt und
wälzt sich ins Herz

Einen Stein trag ich aus
einem Felsen in Grau

vor dem Fenster wird es nun
Tag

Nah der Kettenbrücke

Du sagst: Sieh doch
den Fluss vertrau mir
laufe ich starre ins Wasser
in den Strom und komm nicht
näher als zu meiner Furcht
vor Wellen deine Hand willst
du
mir geben suche
dich wie weggeblasen -

Rings um uns die
Nachtstadtlichter
große schön verputze Häuser
und auch du fühlst dich
verlassen
Von uns atmet Kühle aus

Dünenrufe

Die Zeit züngelt mir
schief durch den Mund
Ahoi ruft mein Herz,
frohe Fahrt

Sie zieht mit mir
bis zur Quelle des Meeres
derweil eine Greisin
Sandberge schaufelt

Sie schaufelt und schaufelt
was bringt sie zum Stocken -

ein Dünenwind kühlt mir die
Füße.

Liebste Greisin, so ruf ich
Zieh mit mir in den Süden
Lass die Sonne uns heilen
und Gott sich erbarmen

Da lispelt die Zeit
und nimmt sich die Schaufel
die Greisin hält inne
und jubelt: Ahoi

Ein Hoffen dröhnt mir im
Schädel

Zeitenwende

Es gibt Momente da
kommt eine Welle aus tiefem
Blau
und hält das Schiff an
das schwankt noch

der heiß gelaufene Motor wird
ruhig
und ganz langsam
leuchten die Farben wieder
hervor aus dem grauen Dampf
der Getriebe

Ein sattes Gelb, ein Schneeweiß
und
wie ist das so schön.

Die Wellen?

Wie ein Flügelschlag

Rückblick

Menschen getroffen und
manchmal gehofft
auf lebenslange Verbundenheit
und Zeitlosigkeit
bei Alterung der Poren

- zur Welt gewandt -

die aber trocknen
im Sande
fast lautlos

Über den Umgang mit Maulbissen

Wortwunden kann man ruhig
bluten
lassen, rot und warm,
so gefährlich ist das nicht.
Sagt er.

Bis an die Grenzen der
Wörtlichkeit
gegangen ist er,
bis sie es nicht mehr ertragen
wollte
zu hören von dem Fall,

und im roten Teppich versank
lautlos.

Bis ein Wind kam

und sie emporhob.

Letzte Hoffnung

Ich suchte Wege
die du uns ebnest
und wollte die Gärtnerin sein

ich wollte beblühen
grüne Pfade
die uns führen könnten heim

ich hoffte, du könntest
die Blumen riechen
auch wenn sie ermattet sind

sie halten
wenn sie Windstille brauchen
sie schützen wie ein Kind

Ich wünschte mir eine Wiese
für uns
und Blumen die ich in mir trage
und ich hoffe/ein Engel

möge sich finden der uns
beiden
sagt: Alles darf sein

Abschied

Kehr ein mein Kind
ins müde Herz
nun hast du wieder Raum

verloren ist viel: das Schaf
das Heim
und auch der grüne Baum

es wartet Not
ein dunkler Schrei
und warum hörst du nicht

Es ist vorbei
was schön begann
ein Riss geht durchs Gesicht

Freude

Flieg aus dem Herzen
das pocht da und pocht
mein Blut wallt golden-
rot munter

Ein D-Zug fährt rasend
und ich tu es auch
mit fliegenden Schritten
quer durch die Zeit

Berlin

Himmelwärts empor vibrierend
mit Rosinen in der Tasche
was sind Ränder, was auch
Seen
auf der Ledercouch betrachtet

in dem kargen Raum der
Haupt-
Stadt, in der nichts mehr Platz
hat nur mein Glück

zu Fliegen

In Dankbarkeit
ein Ich von vielen
auf dieser Welt